AF234491

Impressum
Verlag: BABADADA GmbH, Nedderfeld 112 , 22529 Hamburg
Geschäftsführer / Verlagsleitung: Harald Hof
Druck: Books on Demand GmbH, In de Tarpen 42, 22848 Norderstedt

Imprint
Publisher: BABADADA GmbH, Nedderfeld 112 , 22529 Hamburg, Germany
Managing Director / Publishing direction: Harald Hof
Print: Books on Demand GmbH, In de Tarpen 42, 22848 Norderstedt

學校

ښوونځی

教室
除
تقسیم
186/2
黑板
بورډ
د ښوونځي حویلی
老師
ښوونکی
紙
ورق
書寫
لیکل
筆
قلم
辦公桌
ډیسک
直尺
خط کش
書
کتاب
學生
زده کونکی

書包

کڅوړه

鉛筆盒

د پنسل بکسه

鉛筆

پنسل

削鉛筆機

پنسل تراش

橡皮擦

ربړ

畫板

د رسامۍ پاڼه

圖畫

رسامي

畫筆

د نقاشۍ برس

顏料盒

د نقاشۍ بکس

剪刀

قیچي

膠水

سرېښ

練習冊

د تمرین کتاب

家庭作業

کورنۍ دنده

數字

شمیر

加

جمع

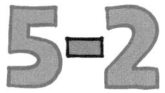

減

منفي

乘

ضرب

計算

حساب

字母

توری

字母表

الفبا

字

کلمه

課文

متن

讀

لوستل

粉筆

تباشير

上課

درس

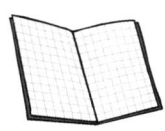

登記

راجستر

考試

ازموينه

證書

تصديق پاڼه

校服

د ښوونځي يونيفارم

教育

تعليم

百科全書

دايره المعارف

大學

پوهنتون

顯微鏡

مايکروسکوپ

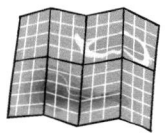

地圖

نقشه

廢紙簍

اشغالدانی

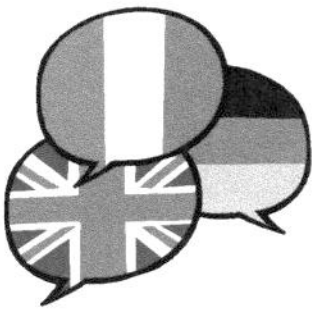

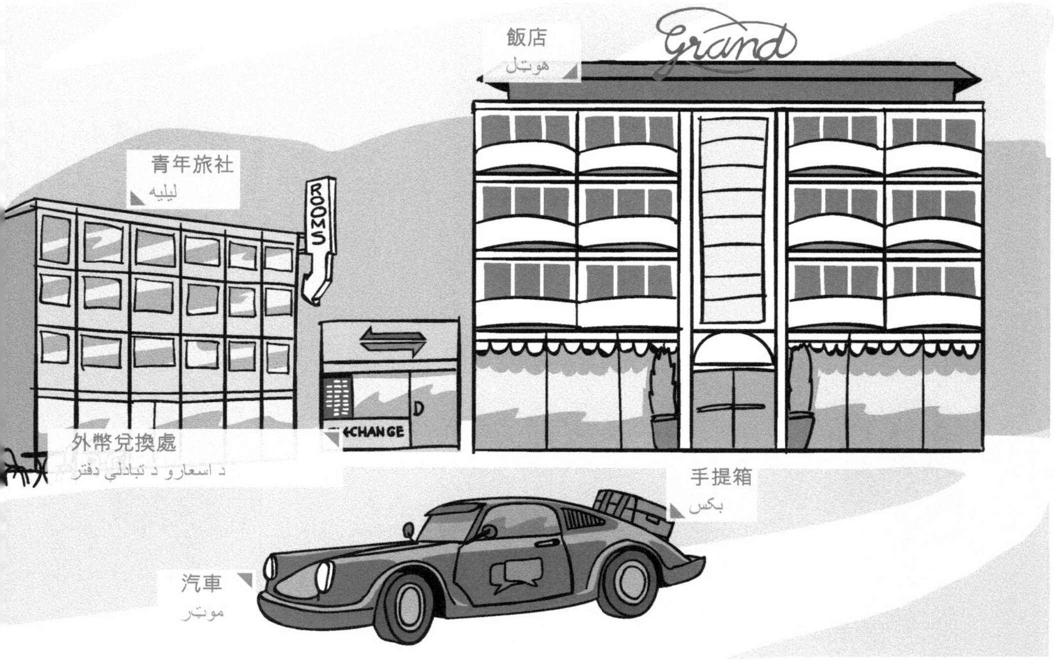
飯店
هوټل
Grand
青年旅社
ليليه
ROOMS
EXCHANGE
外幣兌換處
د اسعارو د تبادلي دفتر
手提箱
بکس
汽車
موټر

語言

ژبه

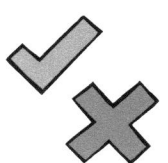

是/否

هو/نه

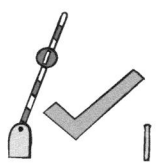

好的

سمه ده

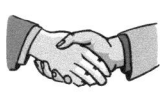

您好

سلام

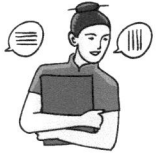

翻譯人員

ژباړونکی

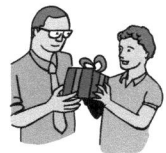

謝謝

مننه

……多少錢？

څومره دي...؟

我不明白

زه نه پوهیږم

問題

ستونزه

晚上好！

ماښام مو پخیر!

早上好！

سهار په خیر!

晚安！

شپه په خیر!

再見

په مخه مو ښه

方向

لارښود

行李

سامان

包

بیک

背包

شاتنی بکس

客人

میلمه

房間

خونه

睡袋

د خوب کڅوړه

帳篷

خیمه

旅行資訊

د توریزم معلومات

海灘

ساحل

信用卡

کریډیټ کارت

早餐

ناری

午餐

د غرمې خواړه

晚餐

د شپې خواړه

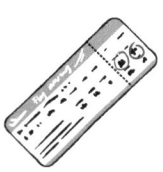

票

ټیکټ

電梯

لفټ

郵票

مهر

邊界

پوله

海關

ګمرک

大使館

سفارت

簽證

ویزه

護照

پاسپورټ

交通運送

ترانسپورت

飛機
الوتکه

船
بېړۍ

消防車
د اور ماشين

卡車
ټرک

公車
بس

汽艇
موټرکښتۍ

腳踏車
بايک

汽車
موټر

渡輪

کښتۍ

小船

کښتۍ

機車

موټرسايکل

警車

د پوليسو موټر

賽車

د ريس موټر

租車

کرايی موټر

拼車

د کرایه موټرې

拖車

جرثقیل لرونکې ټرک

垃圾車

ریفیوز ټرک

馬達

موټر

汽油

سونګ توکي

加油站

پټرول سټیشن

交通標識

ترافیکي نښه

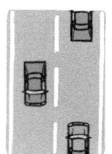

交通

ترافیک

交通堵塞

جام ترافیک

停車場

د موټرو تمځای

火車站

د ریل سټیشن

軌道

پاټکي

火車

ریل

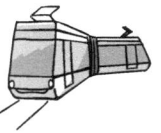

路面電車

ټرام

客車廂

واګون

直升機

چورلکه

機場

هوايي ډګر

塔

برج

乘客

مسافر

集裝箱

کانټينر

紙板箱

کارتون

手推車

کارټ

籃子

ټوکرۍ

起飛/降落

الوتنه کول/کښېناستل

城市

ښار

村莊

کلی

市中心

د ښار مرکز

房子

کور

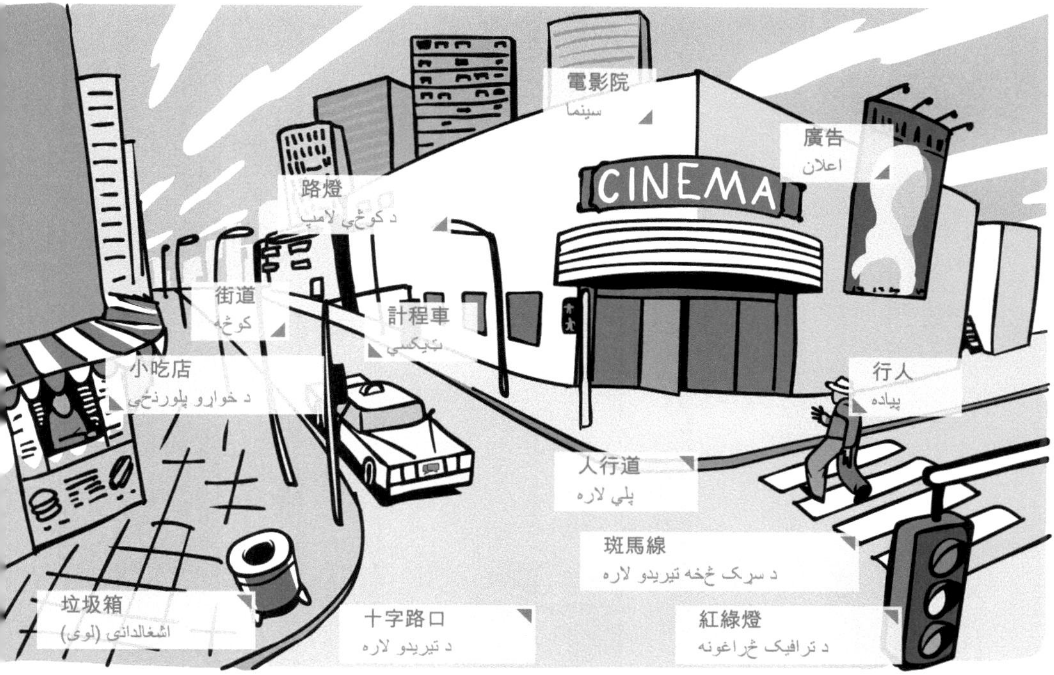

電影院
سینما
CINEMA
廣告
اعلان
路燈
د کوڅې لامپ
街道
کوڅه
計程車
ټیکسي
小吃店
د خوارو پلورنځی
行人
پیاده
人行道
پلي لاره
斑馬線
د سړک څخه تیریدو لاره
垃圾箱
اشغالدانی (لوی)
十字路口
د تیریدو لاره
紅綠燈
د ترافیک څراغونه

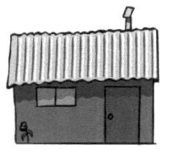

小屋

کوډله

公寓

اپارتمان

火車站

د ریل سټیشن

市政廳

ټاون هال

MUSEUM

博物館

میوزیم

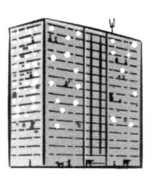

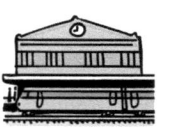

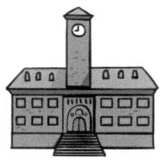

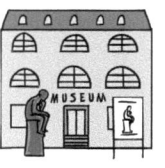

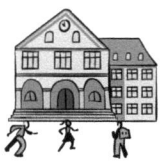

學校

ښوونځی

大學

پوهنتون

銀行

بانک

醫院

روغتون

飯店

هوټل

藥房

درملتون

辦公室

دفتر

書店

کتاب پلورنځی

商店

پلورنځی

花店

د ګلانو پلورنځی

超市

لوی پلورنځی

市場

مارکیټ

百貨商店

د ډیپارټمنټ سټور

魚店

کب پلورنځی

購物中心

د پلور مرکز

海港

لنګرتون

公園

پارک

長凳

بېنچ

橋

پل

樓梯

زینه

捷運

د ځمکې لاندې

隧道

تونل

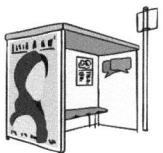

公車站

بس تمځای

酒吧

بار

餐館

ریسټورانټ

郵筒

پوست بکس

路標

د کوڅې نښه

停車計時器

د پارک کولو میټر

動物園

ژوبڼ

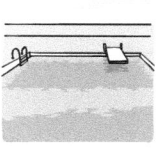

游泳池

د لامبو حوض

清真寺

مسجد

農場

کرونده

污染

ناپاکي

墓地

هدیره

教堂

چرچ

操場

د لوبو ډکر

寺廟

معبد/کلیسا

地形

منظره

樹葉
پانه

指示牌
د لارښوونې ښه

路
لاره

草地
چمن

石頭
کانۍ

樹
ونه

徒步旅行者
هیکر

河
سیند

草
واښه

花
گل

峡谷

دره

丘陵

غونډۍ

湖

ناور

森林

ځنګل

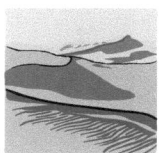

沙漠

دښته

火山

اورشيندی

城堡

کلا

彩虹

رنګين کمان

蘑菇

مرخيړي

棕櫚樹

پلم ونه

蚊子

ماشي

蒼蠅

الوتل

螞蟻

ميږی

蜜蜂

مچی

蜘蛛

غونډل/جولا

甲蟲

ګونګټ

青蛙

چونګښه

松鼠

نولی

刺蝟

زیږکی

野兔

سوی

貓頭鷹

ګونګ

鳥

مرغی

天鵝

قازه

野豬

نرخوګ

鹿

هوسی

麋鹿

ګاوزه

水壩

بند

風力發電機

بادي توربين

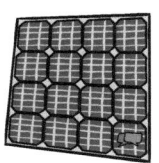

太陽能電池板

سولر تختي

氣候

اقليم

餐館

ریسټورانټ

服務生
پیشخدمت
菜譜
مینو
椅子
湯
سوپ
披薩餅
پیزا
ښاخی، چاقو، کاشوغه
桌布
د میز ټوټه

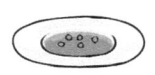

前菜

سټارټر

主菜

اصلي خواړه

甜點

شیرني

飲料

څښاک

食物

خواړه

瓶子

بوتل

速食

فاسټ فوډ

街邊小吃

د کوڅې خواړه

茶壺

چای جوش

糖盒

قندانی

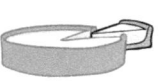

一份飯菜

برخه

義式咖啡機

اسپرسو مشین

高腳椅

لوړه چوکی

帳單

رسید

托盤

مجمه

刀

چاکو

餐叉

پنجه

勺子

قاشق

茶匙

چای قاشق

餐巾

سورویت

玻璃杯

ګلاس

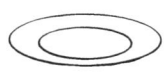

碟子

پلیټ

湯盤

د سوپ پلیټ

碟子

نالبکی

醬

ساس

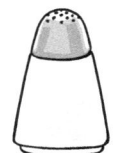

鹽瓶

مالګه شیندونکی

胡椒研磨罐

د مرچ ټکولو لوخی

醋

سرکه

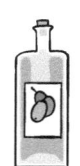

食用油

غوړي

調味料

مساله

番茄醬

کچ اپ

芥末

شرشم

美乃滋

چکه

超市

لوی پلورنځی

特價
顧客
پېرودونکی
乳製品
لبنیات
水果
購物車

肉鋪

قصابي

麵包店

نانوایی

稱重

وزن کول

蔬菜

سبزیجات

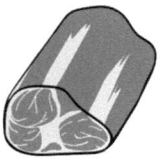

肉

غوښه

冷凍食品

کنګل خواړه

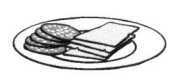

冷盤

یخه غوښه

罐頭食品

کنسروا خواړه

洗衣粉

د مینځلو پوډر

甜食

شیریني

日用品

کورني تولیدات

清潔用品

د پاکولو محصولات

銷售員

د پلور فرد

收銀機

د نغدي راجستر

收銀員

صراف

購物清單

د پیرود لیست

開放時間

کاري ساعتونه

錢包

بټوه

信用卡

کریډیټ کارټ

袋子

کڅوړه

塑膠袋

پلاستیک کڅوړه

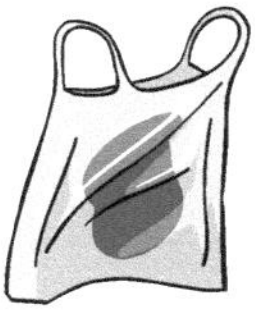

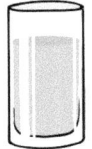

飲料
څښاک

水

اوبه

果汁

جوس

牛奶

شیده

可樂

کوک

紅酒

واین

啤酒

بیر

酒

الکول

可可

ککاو

茶

چای

咖啡

کافي

義式濃縮咖啡

اسپرسو

卡布奇諾

کپچینو

香蕉

كيله

蘋果

مێه

柳丁

نارنج

西瓜

هندوانه

檸檬

ليمو

胡蘿蔔

گازره

大蒜

هوره

竹子

بانكس

洋蔥

پياز

蘑菇

مرخيري

堅果

چغزى

麵條

آش

義大利麵

سپيګټي

米飯

وريجې

沙拉

سلاد

薯條

چپس

炸馬鈴薯

سره کړي کچالو

披薩餅

پيزا

漢堡

همبرګر

三明治

سانډويچ

炸豬排

کټره

火腿

د پتون غوښه

義大利臘腸

سلمي

香腸

ساسج

雞肉

چرګ

烤肉

روسټ

魚

کب

燕麥片

د وربشي شيرني

木斯里

موسلي

玉米片

د جوار پلی

麵粉

اوړه

牛角麵包

کروسانت

麵包捲

د ډوډۍ رول

麵包

ډوډۍ

吐司

ټوسټ

餅乾

بسکیټ

奶油

کوچ

凝乳

چکه

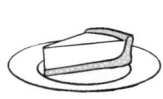

蛋糕

کیک

蛋

هګۍ

煎蛋

پخې هګۍ

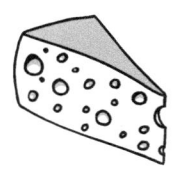

起司

پنیر

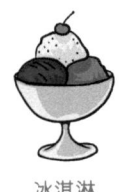

冰淇淋

آیس کریم

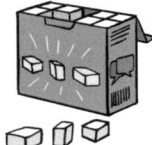

糖

بوره

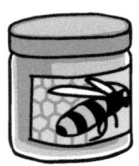

蜂蜜

شهد

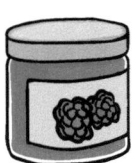

果醬

مربا

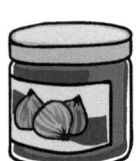

巧克力醬

نوګاټ کریم

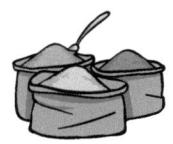

咖哩

کورکمان

農場

کرونده

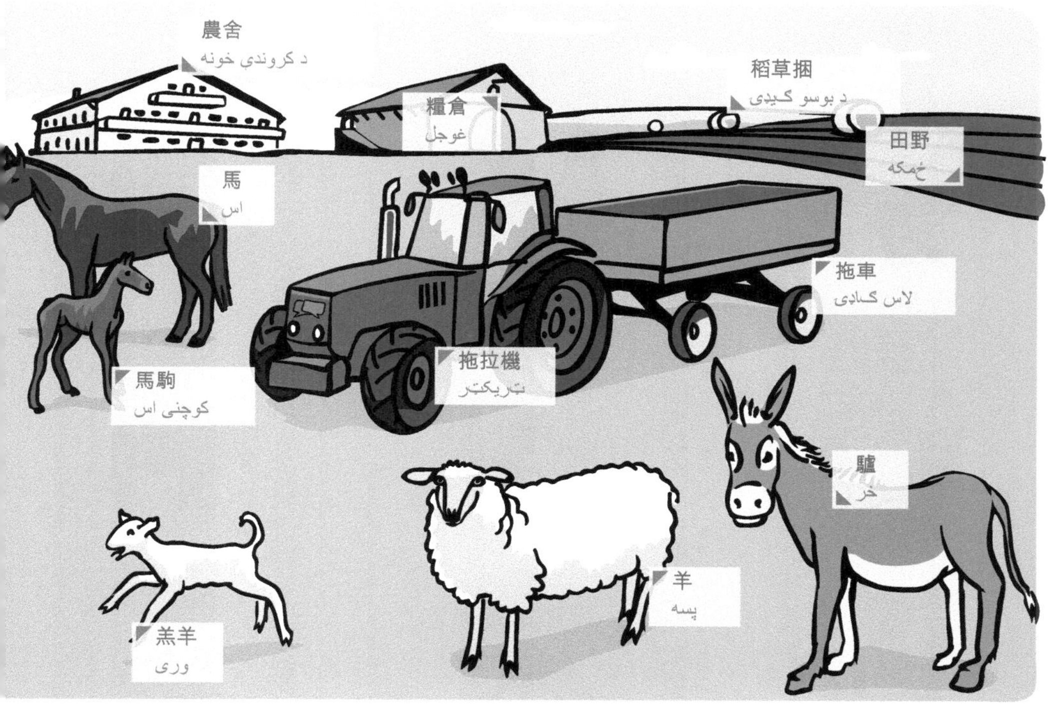

農舍
د کروندې خونه
糧倉
غوجل
稻草捆
د بوسو ګېډۍ
田野
ځمکه
馬
اس
拖車
لاس ګاډی
拖拉機
ټریکټر
馬駒
کوچنی اس
驢
خر
羊
پسه
羔羊
وری

山羊

وزه

奶牛

غوا

小牛

خوسکی

豬

خوګ

小豬

د خوګ بچی

公牛

غویی

鵝

بته

鴨

هیلۍ

小雞

چرگوړی

母雞

چرگه

公雞

بانګي

鼠

سارای موږک

貓

پیشک

老鼠

موږک

牛

غویی

狗

سپی

狗屋

د سپي خونه

花園澆水軟管

د باغ هوز

澆水壺

د اوبو لوخی

長柄大鐮刀

لور (داس)

犁

یوی

鐮刀

لور

鋤頭

رمبې

長柄草耙

ښاخې

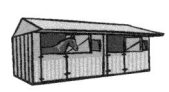

斧頭

تبر

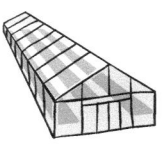

獨輪手推車

کراچۍ

飼料槽

ناوه

牛奶罐

د شیدو لوخې

麻布袋

جوال

柵欄

کټاره

馬廄

مضبوط

溫室

شنه خونه

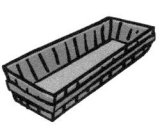

土壤

خاوره

種子

تخم

肥料

سره/کود

聯合收割機

کډ ریبونکی ماشین

收割

زیرمه کول

收割

درمند

地瓜

خواږه کچالو

小麥

غنم

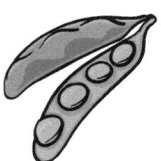

大豆

سویا

土豆

کچالو

玉米

جوار

油菜籽

نباتي تخم

果樹

د میوې ونه

樹薯

مانیوک

穀物

غله

煙囪
درخه

屋頂
بام

落水管
ناودان

窗戶
کرکی

車庫
گراج

門鈴
د دروازی زنگ

門
دروازه

垃圾桶
اشغالدانئ

信箱
د لیک بکس

花園
باغ

客廳
د اوسیدو خونه

浴室
حمام

廚房
پخلنځی

臥室
د ویده کیدو خونه

兒童房
د ماشوم خونه

餐廳
د خوارو خونه

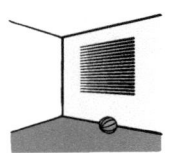

地板

فرش

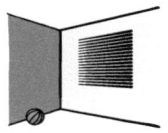

牆壁

دیوال

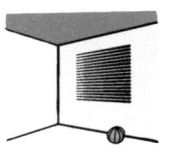

天花板

چت

地窖

زیرخانه

三溫暖

سونا

陽臺

بالکوني

露臺

ټراس

游泳池

حوض

割草機

د چمن وهلو ماشین

被單

شیټ

床罩

روجایی

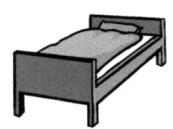

床

تخت

掃帚

جارو

水桶

بوکه

開關

سویچ

客廳

د اوسیدو خونه

壁紙
相片
عکس
لامپ
擱架
شیلف
櫥櫃
الماری
電視
تلویزیون
壁爐
نغری
花
墊子
بالښت
沙發
صوفه
花瓶
گلدانی
遙控器
ریموټ کنټرول

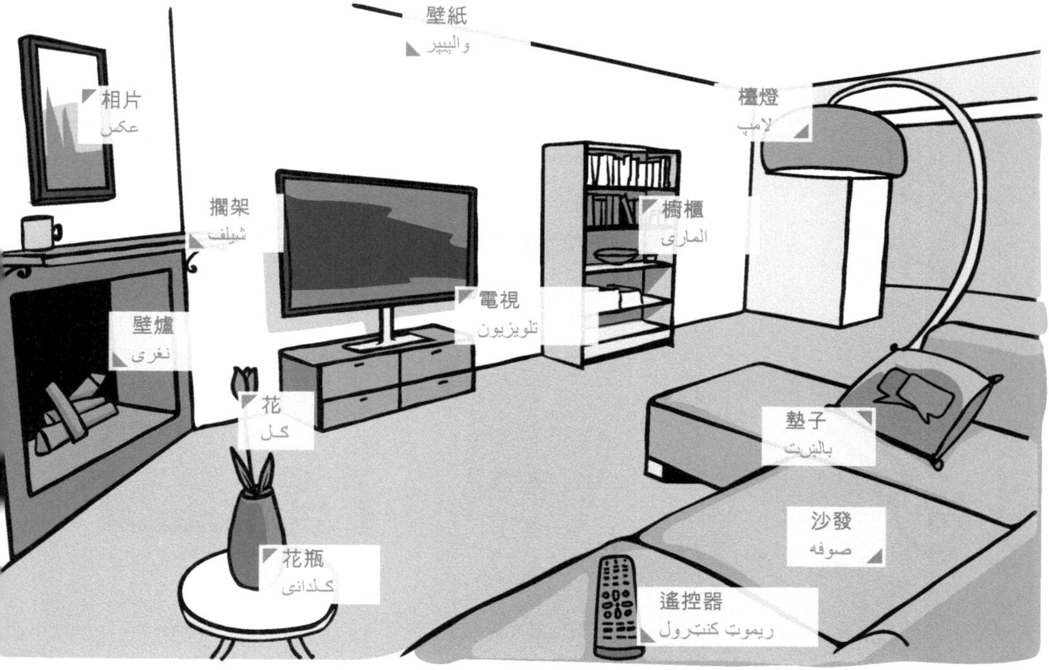

地毯

غالی

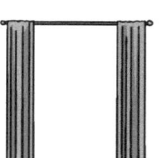

窗簾

پرده

餐桌

میز

椅子

چوکی

搖椅

تاوېدونکي چوکی

扶手椅

بازو لرونکی چوکی

書

کتاب

毯子

کمپل

裝飾品

ډیکوریشن

木柴

د اور لرګـي

電影

فلم

高傳真音響

هاي‌فای

鑰匙

کلي

報紙

ورځپاڼه

油畫

نقاشي

海報

پوسټر

收音機

راډیو

筆記本

کتابچه

吸塵器

واکیوم جارو

仙人掌

کاکتوس

蠟燭

شمع

廚房

پخلنځی

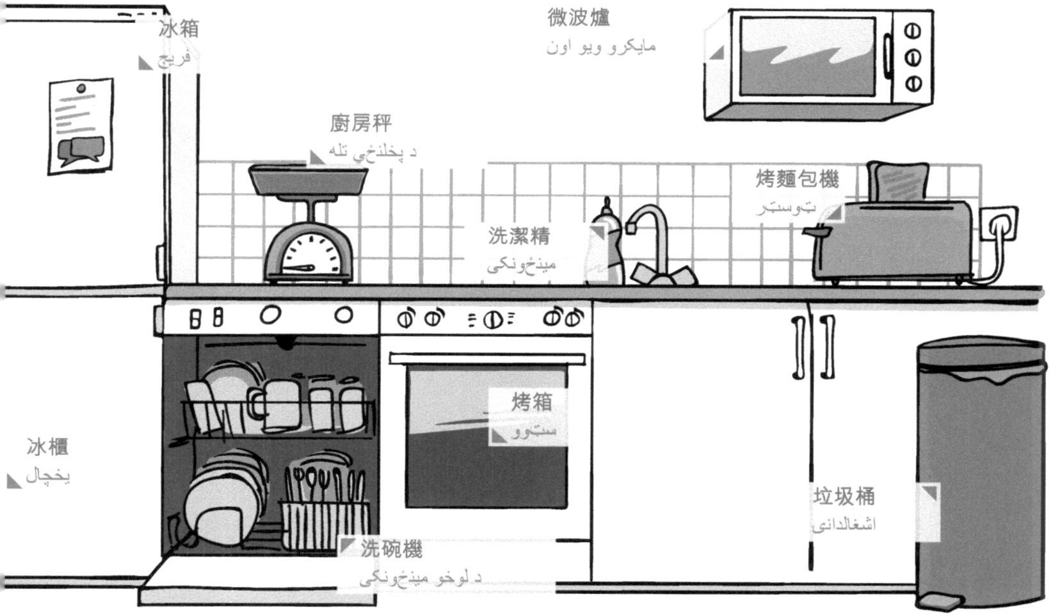

冰箱
فریج
微波爐
مایکرو ویو اون
廚房秤
د پخلنځي تله
烤麵包機
ټوسټر
洗潔精
مینځونکی
冰櫃
یخچال
烤箱
سټوو
垃圾桶
اشغالدانی
洗碗機
د لوخو مینځونکی

炊具

دیګ بخار

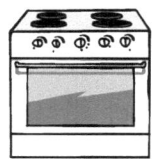

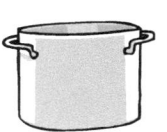

鍋

لوخی

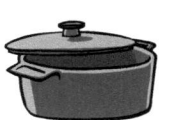

鑄鐵鍋

چدني لوخی

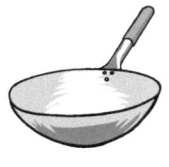

炒鍋

ووک

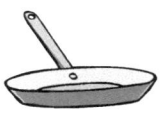

平底鍋

د تلی په

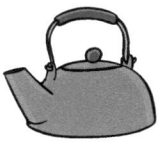

水壺

چای جوش

蒸鍋

د بخار دیګ

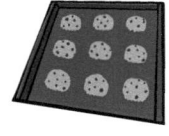

烤盤

پتنوس

陶瓷鍋

لوخي

馬克杯

مګ

碗

کاسه

筷子

د رانیولو اوزار

長柄勺

څمڅۍ

鏟子

کفګیر

攪拌器

پاکونکی

濾網

صافي

篩子

غلبیل

磨碎機

ګریټر

研缽

اونګ

燒烤

بار بي کیو

明火

خلاص اور

菜板

تخته

擀麵杖

هوارونکی

開瓶器

کارک سکریو

罐子

ټیم

開罐器

د ټیم خلاصونکی

隔熱手套

د لوخي ټوټه

水槽

ظرف شوی

刷子

برس

海綿

سپنج

攪拌機

بلیندر

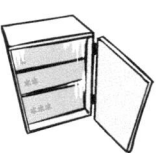

冷藏箱

ژور یخچال

奶瓶

د ماشوم بوتل

水龍頭

نل

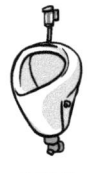

浴室

حمام

供暖裝置
تودول
毛巾
جان پاک
شاور
浴簾
د شاور پرده
泡沫浴
浴缸
د حمام ټب
洗衣機
د مينځلو مشين
玻璃杯
水龍頭
نل
瓷磚
ټايلونه
便壺
يو ډول كمود
水槽
ظرف شوى

廁所

تشناب

蹲便器

فرشي كمود

坐浴器

كمود

小便斗

د متيازو ځاى

廁紙

تشناب كاغذ

馬桶刷

د تشناب برس

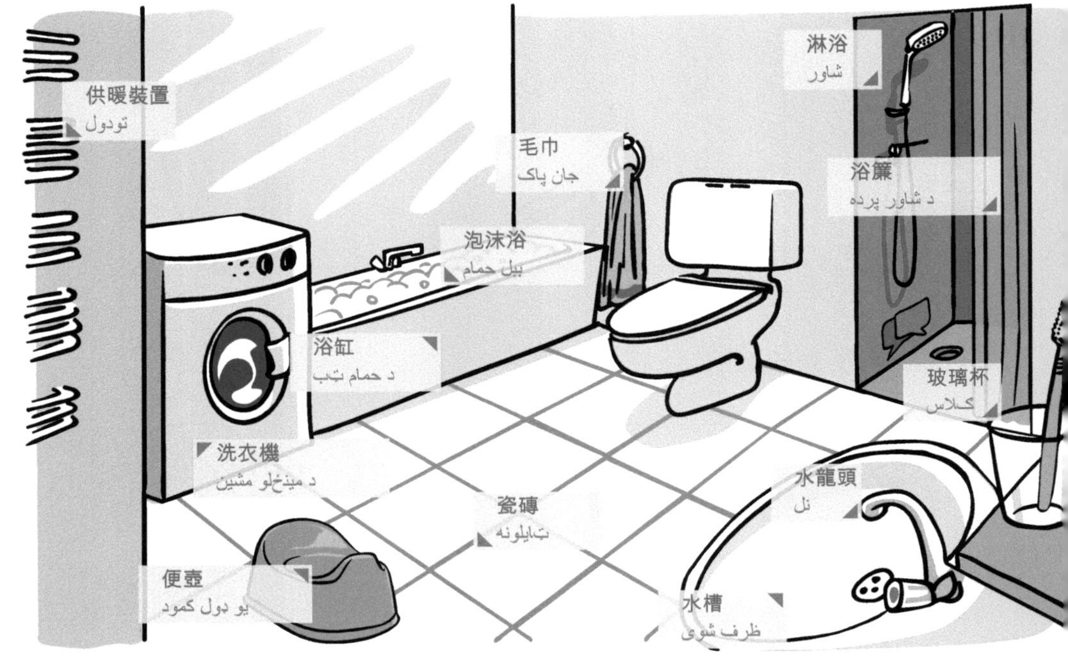

牙刷

د غاښونو برس

牙膏

د غاښونو کریم

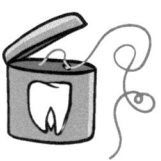

牙線

د غاښونو نخ

洗

مینځل

手持式蓮蓬頭

لاسي شاور

沖洗器

دوش

洗臉盆

خانک

洗背刷

د شا برس

肥皂

صابون

沐浴露

د شاور ژل

洗髮乳

شامپو

法蘭絨

فلانل جامه

排水

وچول

乳霜

کریم

除臭劑

سپری

鏡子

آینه

手鏡

لاسي آینه

刮鬍刀

ریزر

刮鬍泡沫

د خریلو فوم

鬚後水

د خریلو وروسته

梳子

ګمنځ

刷子

برس

吹風機

د ویښتانو وچونکی

噴髮定型劑

د ویښتانو سپری

化妝品

میک اپ

唇膏

لیپ سټیک

指甲油

د نوکانو پالش

化妝棉

کاټن وړی

指甲剪

ناخن ګیر

香水

عطر

洗漱包

د مینځلو کڅوړه

凳子

سټول

計重秤

د وزن کولو تله

浴袍

د حمام پوښاک

橡膠手套

د ربړ دستکش

衛生棉條

ټامپون

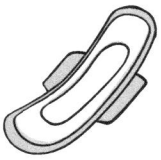

衛生棉

صحيي جان پاک

化學廁所

کیمیکل تشناب

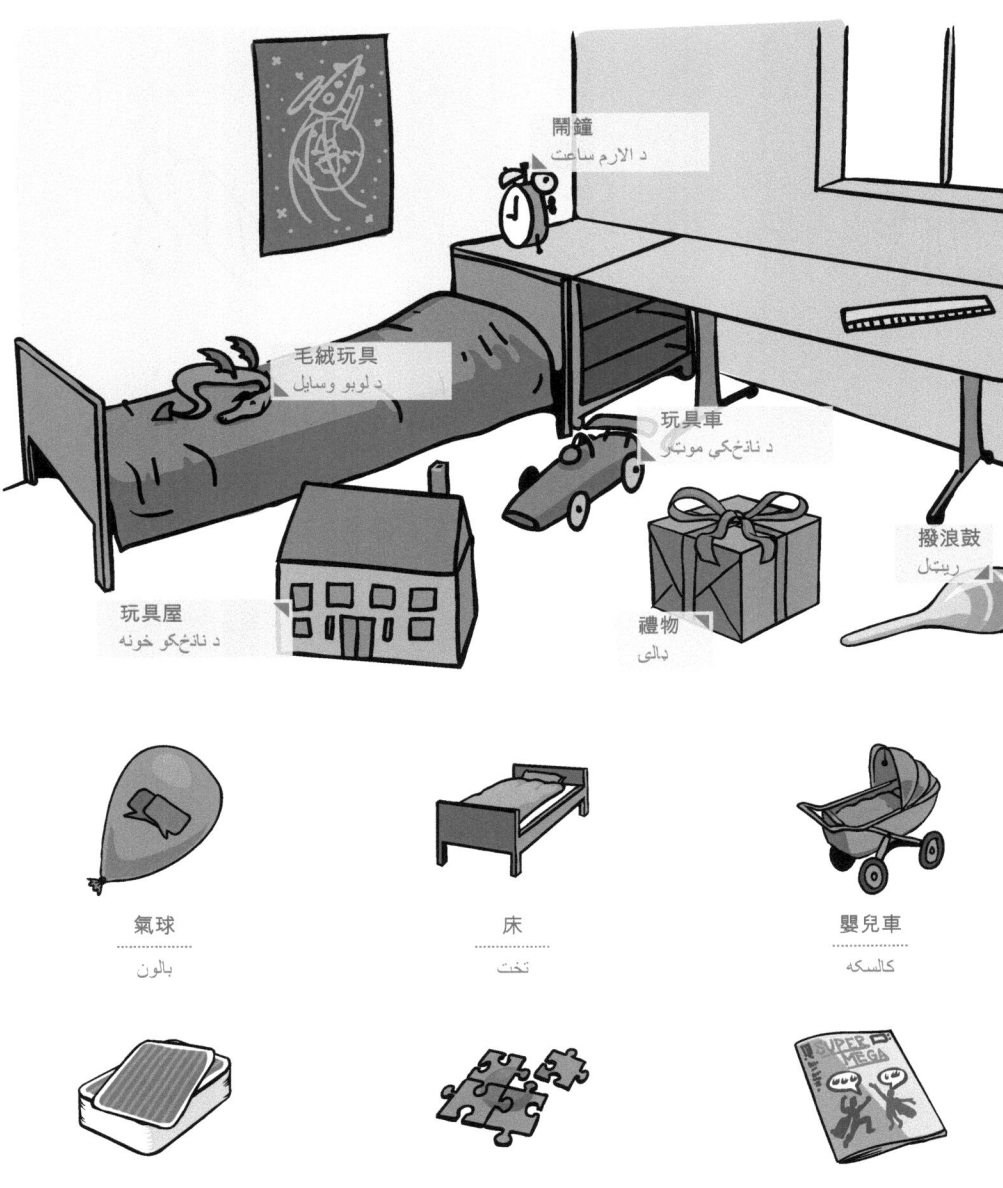

兒童房

د ماشوم خونه

د الارم ساعت
毛絨玩具
د لوبو وسایل
玩具車
د ناڅکي موټر
撥浪鼓
玩具屋
禮物
ډالۍ

氣球

بالون

床

تخت

嬰兒車

کالسکه

撲克牌

د لوبو ورقې

拼圖

جیګسا

漫畫

مسخره

樂高積木

لیګو بریک

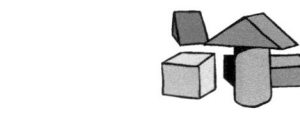

積木玩具

د ناڅکو بلاک

公仔

د اکشن فیګور

嬰兒服

د ماشوم پوښاک

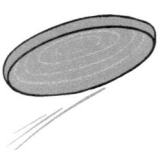

飛盤

فریزبي

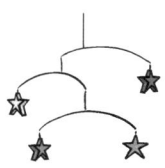

床鈴玩具

موبایل

棋盤遊戲

بورډ لوبه

骰子

تاس

火車模型

مادل ریل سیټ

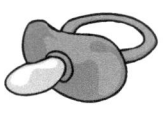

安撫奶嘴

کونکشی

派對

پارټي

繪本

د عکسونو البوم

球

بال

洋娃娃

ناڅکه

玩

لوبیدل

沙坑

د شګو کنده

鞦韆

سوینګ

玩具

نانځکي

電玩遊戲

د ویډیو لوبو کنسول

三輪車

ټرای سایکل

泰迪熊

ګوډکه

衣櫃

د کالو الماری

衣服

پوښاک

襪子

جرابې

長襪

لوړې جرابې

緊身褲

ټایټس

圍巾
زروکی

雨傘
چتری

T恤
تي شرت

皮帶
کمربند

靴子
بوتان

拖鞋
سلیپر

運動鞋
سنیکر

涼鞋
سنډل

鞋
بوتان

雨靴
د ربر بوتان

內褲
زیرنیکري

胸罩
سینه بند

背心
واسکټ

身體

بادي

褲子

پتلون

牛仔褲

جينز

短裙

لمن

女式襯衫

بلاوز

襯衫

شرټ

套頭衫

بنيان

連帽上衣

سويټر

西裝夾克

بليزر

夾克

جاکټ

外套

کوټ

雨衣

د باران کوټ

套裝

پوښاک

連衣裙

کالي

婚紗

د واده پوښاک

西裝

دریشي

睡袍

د شپې پوښاک

睡衣

پاجامه

莎麗

ساړي

頭巾

لوپټه

包頭巾

پټکی

波卡

برقه

卡夫坦

کفتن

(阿拉伯式)長袍

عبا

泳衣

د لامبو پوښاک

男式泳褲

نیکر

短褲

شارټ

運動服

د ځغاستې پوښاک

圍裙

پیش بند

手套

دستکش

鈕扣

بټن

眼鏡

عینک

手鏈

لاس بند

項鍊

غاړه کۍ

戒指

ګوتمه

耳環

غوږوالۍ

便帽

خولۍ

衣架

کوټ بند

帽子

خولۍ

領帶

ټایی

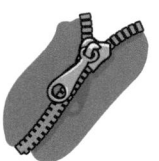

拉鍊

ځنځیر

安全帽

هیلمیټ

背帶

تړونکی

校服

د ښوونځي یونیفارم

制服

یونیفارم

圍兜

بيب

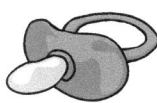

安撫奶嘴

ګونګشی

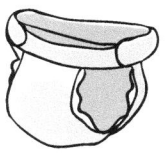

尿布

نيپي

辦公室

دفتر

伺服器
سرور
檔案櫃
د دوسيه الماری
印表機
پرينټر
紙
ورق
螢幕
مانيټور
滑鼠
ماوس
ډيسک
資料夾
鍵盤
کي بورډ
廢紙簍
اشغالدانی
電腦
کمپيوټر
椅子
چوکی

咖啡杯

د کافي پياله

計算機

کالکوليټر

網際網路

انټرنيټ

筆記型電腦

لپ ټاپ

信件

لیک

簡訊

پیغام

行動電話

موبایل

網路

نیټورک

影印機

فوټوکاپیر

軟體

سافټویر

電話

تلیفون

插座

پلک ساکټ

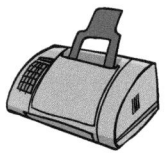

傳真機

فکس مشین

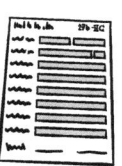

表格

فارم

檔案

سند

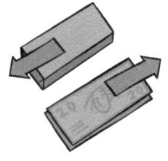

經濟

اقتصاد

買

پیرل

付錢

تادیه کول

交易

سوداګري کول

現金

پیسې

美元

ډالر

歐元

یورو

日元

ین

盧布

ربل

瑞士法郎

سویسي فرانک

人民幣

رینمینبي یوان

盧比

روپۍ

提款處

د نغدي پیسو ځای

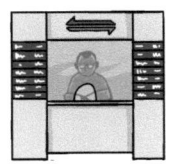

外幣兌換處

د اسعارو د تبادلې دفتر

金

سره زر

銀

سپین زر

石油

تیل

能源

انرژي

價格

نرخ

合約

قرارداد

稅金

مالیه

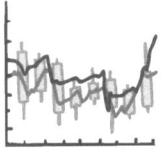

股票

اسهام

工作

کار کول

職員

کارمند

老闆

کار ګومارونکی

工廠

فابریکه

商店

پلورنځی

職業

مسلکونه

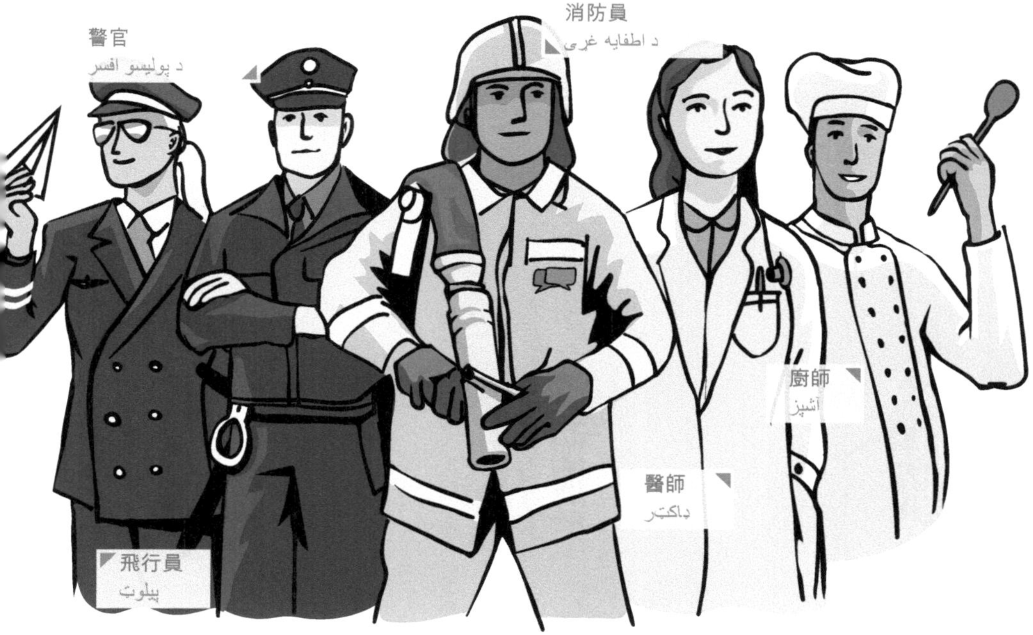

警官
د پولیسو افسر
消防員
د اطفایه غړی
廚師
آشپز
醫師
ډاکټر
飛行員
پیلوټ

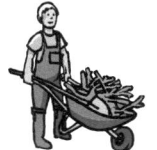

園丁

باغوان

木匠

نجار

裁縫

خیاط

法官

قاضي

化學家

کیمیا پوه

演員

د فلم لوبغاړی

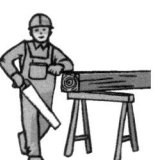

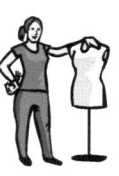

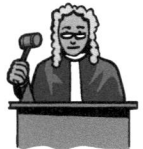

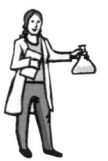

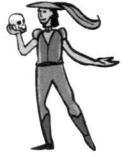

公車司機
د بس ډرايور

計程車司機
د ټيکسي ډرايور

漁夫
کب نيونکی

清洗女工
خدمه

屋頂工
بام جوړونکی

服務生
پيشخدمت

獵人
ښکاري

畫家
نقاش

麵包師
نانوا

電工
د برېښنا کارکونکی

建築工人
تعمير جوړونکی

工程師
انجنير

屠夫
قصاب

水管工
نلدوان

郵差
پوست رسونکی

士兵

سرتيرى

建築師

مهندس

收銀員

صراف

花農

مالیار

理髮師

نایی

售票員

کلینډر

機械技師

میکانیک

船長

کپتان

牙醫

د غاښونو ډاکټر

科學家

ساینس پوه

拉比

ښاغلی

伊瑪目

امام

和尚

مذهبي نفر

牧師

پادري

工具

لوازم

鐵錘
鉗子
پلاس
螺絲起子
پیچکش
扳手
رینچ
手電筒
څراغ

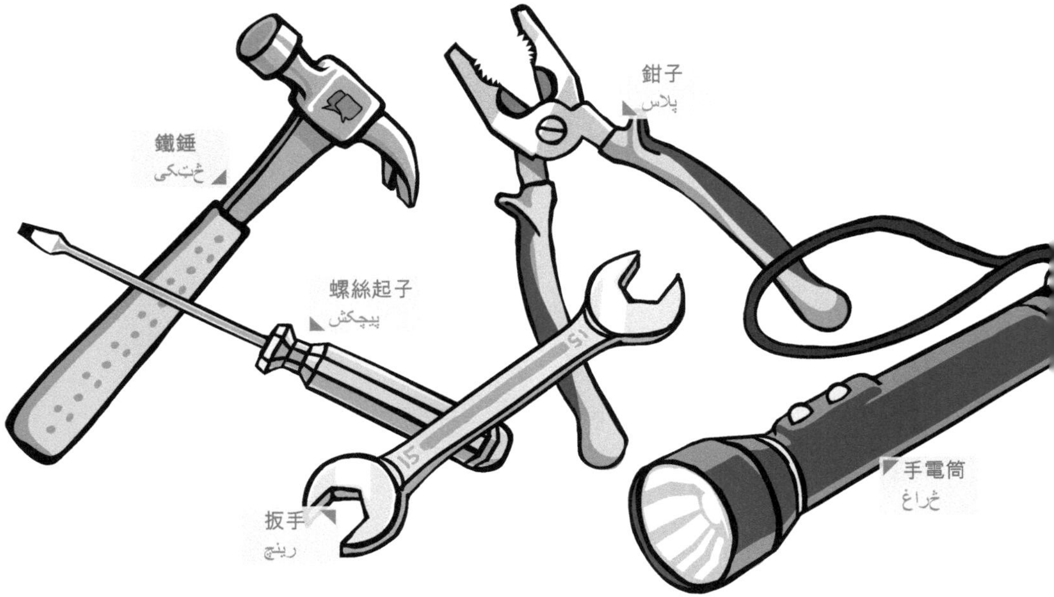

挖掘機

کنستونکی

工具箱

د لوازمو بکس

梯子

زینه

鋸子

اره

釘子

میخونه

鑽機

برمه

修
......
ترميم كول

鏟子
......
بیل

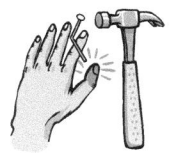

糟糕！
......
لعنتا!

畚箕
......
خاک انداز

油漆桶
......
مشواني

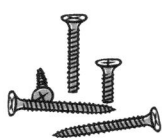

螺絲
......
پیچونه

樂器
د میوزیک آلات

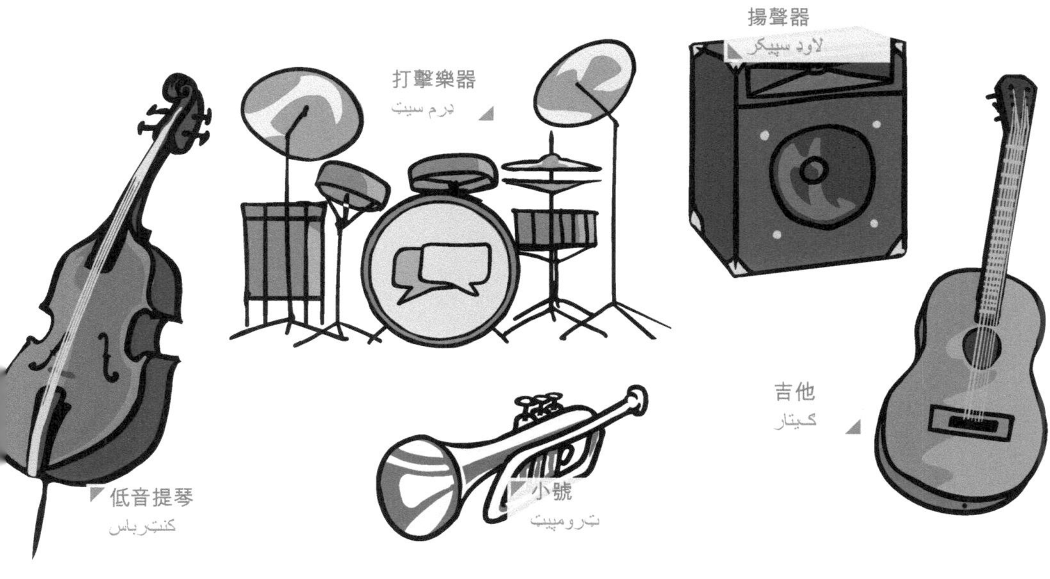

揚聲器
لاوډ سپیکر

打擊樂器
درم سیټ ◢

吉他
ګیتار ◢

▶ 低音提琴
کنترباس

小號
ترومپیټ

鋼琴

پیانو

小提琴

وایلن

貝斯

باس

定音鼓

نغاره

鼓

ډرمونه

電子琴

کي بورډ

薩克斯風

سیکسافون

長笛

شپیلی

麥克風

مایکروفون

動物園

ژوبڼ

入口
ننوتو لاره
老虎
籠子
پنجره
斑馬
ګوره خر
د ژویو خواړه
熊貓

動物

ژوی

大象

هاتي

袋鼠

کنګرو

犀牛

د اوبو اسپ

大猩猩

ګوریلا

熊

ایږه

駱駝

اوښ

鴕鳥

شترمرغ

獅子

زمری

猴子

بيزو

紅鶴

غزی

鸚鵡

طوطي

北極熊

قطبي ايږه

企鵝

پينګوين

鯊魚

شارک

孔雀

طاوس

蛇

مار

鱷魚

تمساح

動物園管理員

ژوبڼ ساتونکی

海豹

سيل

美洲豹

جګوار

矮種馬

یابو

豹

پړانګ

河馬

هیپو

長頸鹿

زرافه

老鷹

باز

野豬

نرخوک

魚

کب

龜

شمشتی

海象

سمندري نولی

狐狸

ګیدړه

羚羊

هوسۍ

體育

ورزش

橄欖球
امريکايی فټبال
騎腳踏車
سايکل ځغلول
網球
籃球
باسکيټبال
游泳
لامبو
拳擊
باکسينګ
冰球
د کنګل هاکي

美式足球

فټبال

羽毛球

کسيزه

田徑

د ځغاستي لوبي

手球

د هندبال

滑雪

سکي

馬球

پولو

跳
ټوپ وهل
擁抱
غاړه ورکول
笑
خندل
走路
唱
سندري ويل
做夢
خوب ليدل
祈禱
عبادت کول
親吻
مچو کول

書寫

ليکل

畫

کښل

展示

ښودل

推

ټېله کول

給

ورکول

拿

اخيستل

有

درلودل

做

کول

當

پاييدل

站

ودريدل

跑

منډې وهل

拉

راکښل

丟

گوزارل

摔倒

لويدل

躺

څملاستل

等待

انتظار کول

攜帶

ورل

坐

کښيناستل

穿衣

پوښاک اغوستل

睡覺

ويده کيدل

醒來

پاڅيدل

看

کتل

哭

ژړل

撃

برید کول

梳頭

ګمنځ کول

交談

خبرې کول

明白

پوهیدل

問

غوښتل

聽

اوریدل

喝

څښل

吃

خوړل

清理

پاکول

愛

مینه کول

做飯

پخلی کول

開車

موټر چلول

飛

الوتل

航行

بیړۍ چلول

計算

حساب

讀

لوستل

學習

زده کول

工作

کار کول

結婚

واده کول

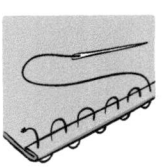

縫

ګنډل

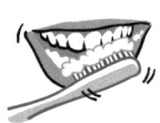

刷牙

د غاښونو برس کول

殺

وژل

抽菸

سګرټ څښل

寄

لیږل

家

کورنۍ

祖母
نیا
祖父
نیکه
父親
پلار
母親
مور
嬰兒
ماشوم
女兒
لور
兒子
زوی

客人

میلمه

阿姨

ترور

叔叔

کاکا/ماما

兄弟

ورور

姐妹

خور

身體

بدن

前額
تندی
眼睛
臉
مخ
下巴
زنه
乳房
سينه
手指
ګوته
手
لاس
手臂
مټ
肩膀
اوږه
腿
پښه

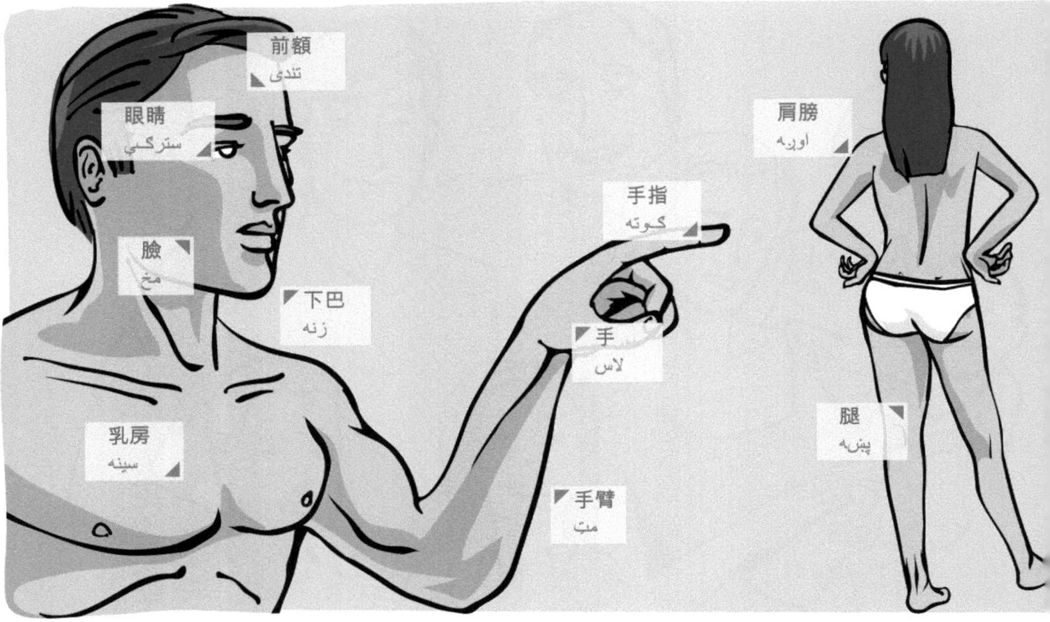

嬰兒
ماشوم

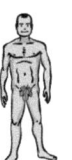

男人
سړی

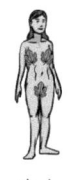

女人
ښځه

女孩
انجلۍ

男孩
هلک

頭
سر

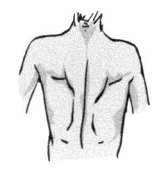

背部

شا

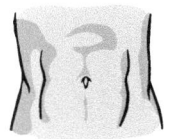

肚子

خېټه

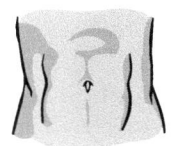

肚臍

نوم

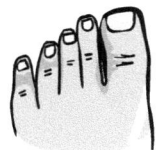

腳趾

د پښې ګوته

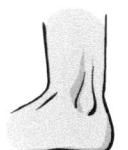

腳後跟

پونده

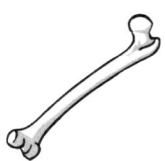

骨頭

هډوکی

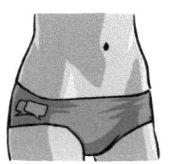

臀部

کوناټی

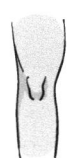

膝蓋

زنګون

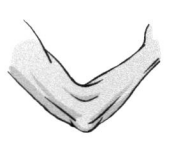

手肘

څنګل

鼻子

پوزه

屁股

لاندې برخه

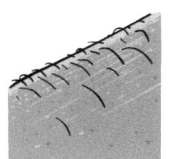

皮膚

پوټکی

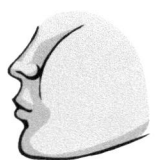

臉頰

غومبوری

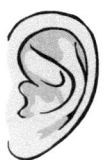

耳朵

غوږ

嘴唇

شونډه

嘴

خوله

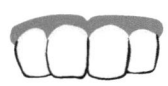

牙齒

غاښ

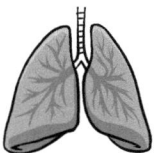

舌頭

ژبه

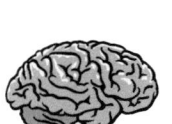

腦

مغز

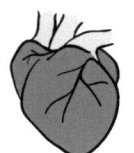

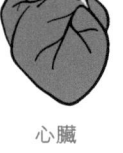

心臟

زړه

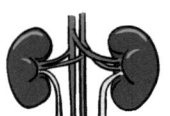

肌肉

عضله

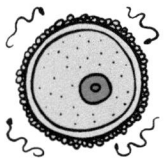

肺

سږی

肝臟

ځیګر

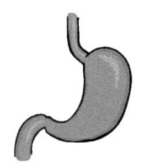

胃

معده

腎臟

پښتورګي

性交

جنسي نږدې والی

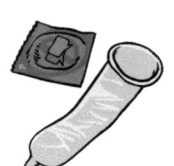

保險套

کاندوم

卵子

تخمه

精子

مني

懷孕

حمل

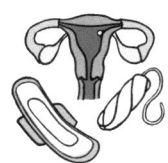

月事

حیض

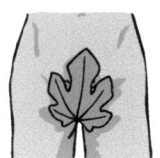

陰道

مهبل

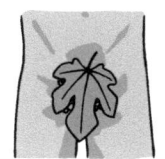

陰莖

د نارینه تناسلي آله

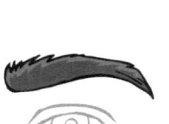

眉毛

وروځی

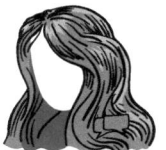

頭髮

ویښته

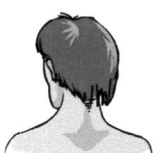

脖子

غاړه

醫院

روغتون

急救車
امبولانس
輪椅
ویل چیر
骨折
کسر

醫師

ډاکټر

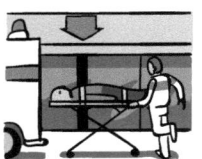

急診室

عاجل خونه

護理師

رنځورپال

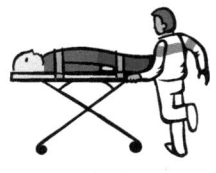

緊急情形

عاجل

昏迷

بې هوش

痛

درد

受傷

ټپ

出血

وینه تویدل

心臟病發作

د زړه حمله

中風

ضرب

過敏

حساسیت

咳嗽

ټوخی

發燒

تبه

流感

انفلوینزا

腹瀉

نس ناستی

頭痛

سر درد

癌症

سرطان

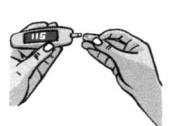

糖尿病

شکر

外科醫師

جراح

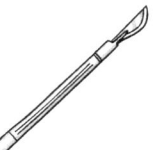

手術刀

سکالپل

手術

عملیات

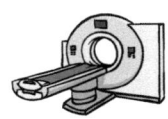

電腦斷層掃描

سي ټي

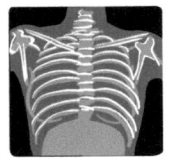

X光

ايكس رى

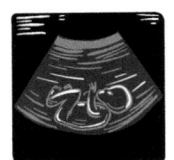

超音波

الټراساوند

口罩

د مخ ماسک

疾病

ناروغي

候診室

انتظار خونه

拐杖

امسا

石膏

پلستر

繃帶

بنداژ

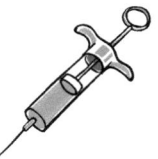

注射

تزريق

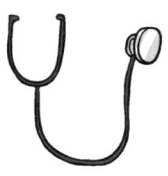

聽診器

ستاتسكوپ

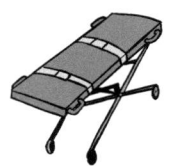

擔架

تسكيره

體溫計

كلينكي ترماميټر

出生

زېږون

超重

زيات وزن

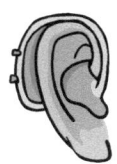

助聽器

د اوریدو مرسته

消毒液

د عفونیت څخه پاکونکي مواد

感染

عفونیت

病毒

ویروس

愛滋病

ایچ.آی.وی/ایډز

藥物

درمل

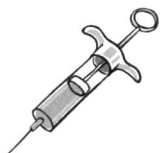

接種疫苗

واکسین

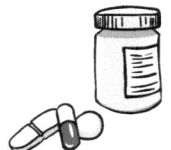

藥片

ټابلیټس

藥丸

ګولی

急救電話

عاجل تلیفون

血壓計

د وینې د فشار څارونکی

生病/健康

ناروغ/روغ

緊急情形

عاجل

救命！

مرسته!

警報

الارم

突擊

يرغل

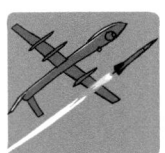

攻擊

برید

危險

خطر

緊急出口

عاجل لاره

失火了！

اور!

滅火器

د اور وژونکی

意外

پېښه

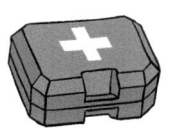

急救箱

د لومړی مرستي لوازم

呼救訊號

ایس.او.ایس

員警

پولیس

地球
ځمکه

歐洲

اروپا

北美洲

شمالي امريکا

南美洲

سهيلي امريکا

非洲

افريقا

亞洲

آسيا

澳洲

آسترېليا

大西洋

اتلانتيک

太平洋

پاسيفيک

印度洋

د هند بحر

南冰洋

جنوبي منجمد بحر

北冰洋

د شمال قطب بحر

北極

شمالي قطب

南極

سهيلي قطب

南極洲

انټارکټیکا

地球

ځمکه

陸地

ځمکه

海

بحر

島

ټاپو

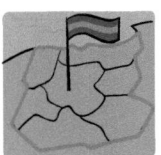

國家

ملت

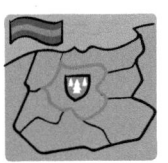

州

دولت

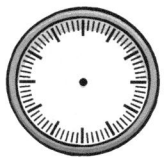

鐘錶

ساعت

錶盤

د مخي ساعت

時針

د ساعت ستنه

分針

د دقيقې ستنه

秒針

د ثانيې ستنه

現在幾點？

څه وخت دی؟

天

ورځ

時間

وخت

現在

اوس

電子錶

ډيجيټل ساعت

分

دقيقه

時

ساعت

週

اونۍ

دوشنبه
MO
週二
سه شنبه
TU
週三
چهارشنبه
W
週四
پنجشنبه
TH
週五
جمعه
FR
週六
شنبه
SA
週日
یکشنبه
SO

昨天

پرون

今天

نن

明天

سبا

早晨

سهار

中午

غرمه

晚上

ماښام

MO TU WE TH FR SA SU

工作日

کاري ورځې

MO TU WE TH FR SA SU

週末

د اونۍ پای

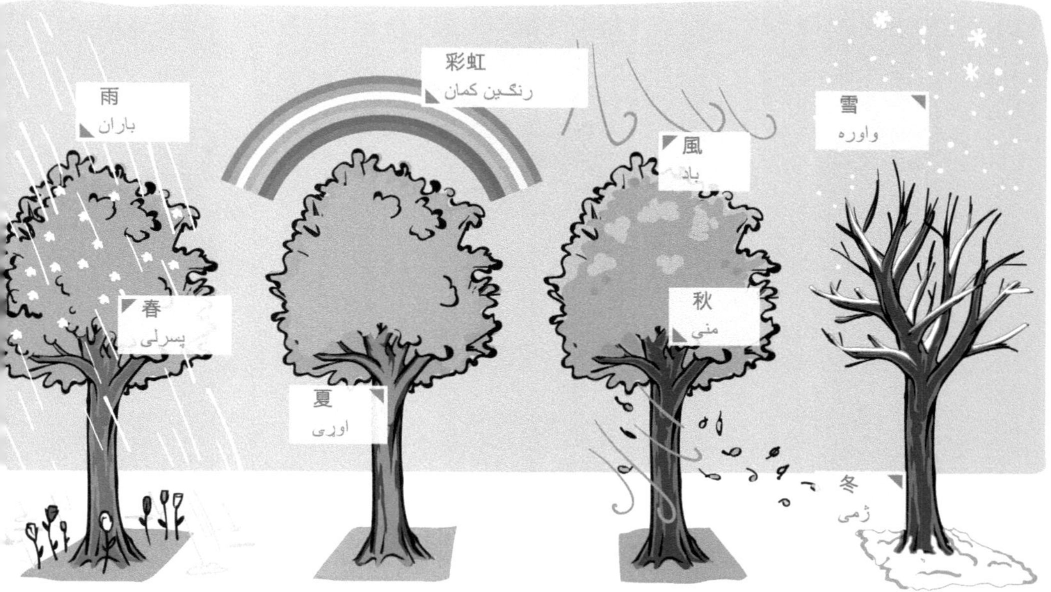

彩虹
رنګین کمان
雨
باران
雪
واوره
風
باد
春
پسرلی
秋
مني
夏
اوړی
冬
ژمی

4.APRIL 11°
5.APRIL 4°
6.APRIL 13°
7.APRIL 8°
8.APRIL 10°

天氣預告

د موسم وړاندوینه

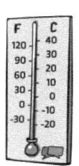

溫度計

ترموميټر

陽光

د لمر وړانګې

雲

وریځ

霧

لړه

潮濕

رطوبت

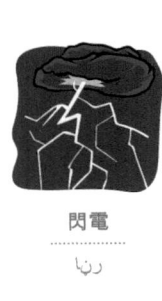

閃電

رڼا

打雷

تندر

風暴

توفان

冰雹

ږلۍ وريدل

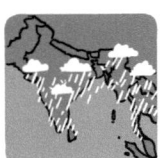

季風

مون سون باران

洪水

سیلاب

冰

یخ

一月

جنوري

二月

فبروري

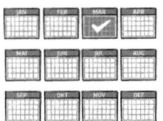

三月

مارچ

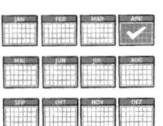

四月

اپرېل

五月

مى

六月

جون

七月

جولای

八月

اگست

九月

سپتمبر

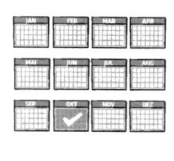

十月

اکتوبر

十一月

نومبر

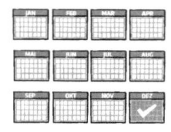

十二月

دسمبر

形狀

شکلونه

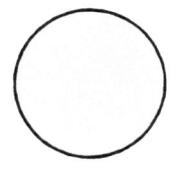

圓形

دایره

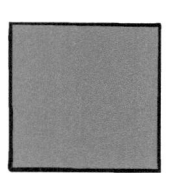

正方形

مربع

長方形

مستطیل

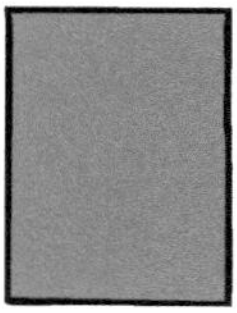

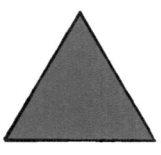

三角形

مثلث

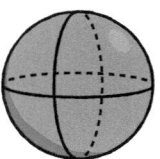

球體

توپ

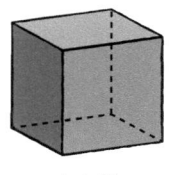

立方體

فال

顏色

رنګونه

白

سپین

黃

ژیر

橙

نارنجي

粉

ګلابي

紅

سور

紫

ارغواني

藍

نيلي

綠

شين

棕

نسواري

灰

خر

黑

تور

反義詞

متضاد

很多/少許

خورا ډير/خورا لږ

生氣/平靜

قار/ارام

美/醜

ښکلی/بدشکله

首/尾

پیل/پای

大/小

لوی/کوچنی

明/暗

روښانه/تیاره

兄弟/姐妹

ورور/خور

乾淨/骯髒

پاک/ککړ

完整/缺失

مکمل/نامکمل

白天/晚上

ورځ/شپه

死/生

مړ/ژوندی

寬/窄

پراخه/نری

可食用/非食用

د خوراک وړ/نه خوړل کیدونکی

邪惡/善良

بد/مهربان

興奮/無聊

پاریدلی/بي خونده

胖/瘦

چاق/وچ

第一/最後

لومړی/وروستی

朋友/敵人

ملګری/دښمن

滿/空

ډک/تش

硬/軟

سخت/نرم

重/輕

دروند/سپک

餓/渴

لوږه/تنده

生病/健康

ناروغ/روغ

非法/合法

غیرقانوني/قانوني

聰明/愚笨

هوښیار/ساده

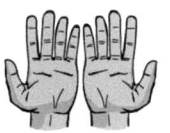

左/右

کیڼ/ښي

近/遠

نږدې/لرې

新/舊

نوی/زوړ

沒有/有些

هیڅ/یو څه

老/幼

بډا/خوان

開/關

چالان/بند

打開/闔上

خلاص/ترلی

安靜/吵鬧

غلي/لوړ غږ

富/窮

بډایه/غریب

對/錯

صحید/غلط

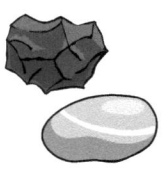

粗糙/光滑

زیږ/ملایم

傷心/高興

خفه/خوښ

短/長

لنډ/اوږد

慢/快

سست/ګړندی

濕/乾

لوند/وچ

溫暖/涼爽

ګرم/یخ

戰爭/和平

جګړه/سوله

數字

شمیرې

0

零

صفر

1

一

یو

2

二

دوه

3

三

درې

4

四

څلور

5

五

پنځه

6

六

شپږ

7

七

اوه

8

八

اته

9

九

نهه

10

十

لس

11

十一

یولس

12

十二

دولس

13

十三

ديارلس

14

十四

څوارلس

15

十五

پنځلس

16

十六

شپاړس

17

十七

وولس

18

十八

اتلس

19

十九

نولس

20

二十

شل

100

百

سل

1.000

千

زر

1.000.000

百萬

میلیون

語言

ژبې

英語

انګلسي

美式英語

امریکایی انګلسي

普通話

چینایی مندرین

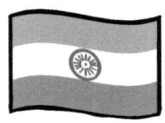

印地語

هندي

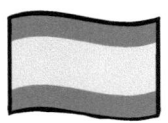

西班牙語

هسپانوي

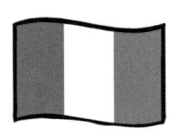

法語

فرانسوي

阿拉伯語

عربي

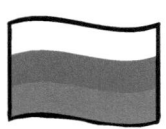

俄語

روسي

葡萄牙語

پرتګالي

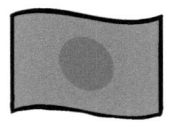

孟加拉語

بنګالي

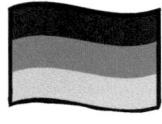

德語

آلماني

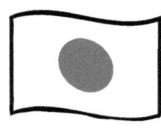

日語

جاپاني

我

ز ه

你

ته

他/她/它

هغه/د غه/دا

我們

موږ

你們

تاسی

他們

دوی/هغوی

誰？

څوک؟

什麼？

څه؟

如何？

څنګه؟

何處？

چيری؟

何時？

كله؟

名字

نوم

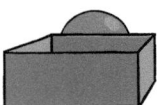

方位

چیرې

後面

شاته

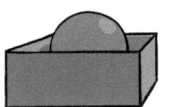

裡面

په

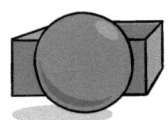

前面

په مخه کې

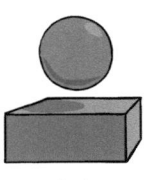

上方

باندي

上面

په

下麵

لاندي

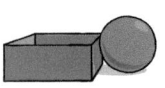

旁邊

برسیره پر

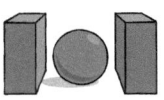

中間

ترمینځ

地點

ځای